O Édipo feminino
e seus destinos

SÉRIE LETRAS PSICANALÍTICAS ❷

O Édipo feminino e seus destinos

JEAN-MICHEL VIVES

aller

©2021 Aller Editora
Œdipe féminin et destins de l'Œdipe féminin

Publicado com a devida autorização e com todos os direitos,
para a publicação em português, reservados à Aller Editora.

É expressamente proibida qualquer utilização ou reprodução do conteúdo
desta obra, total ou parcial, seja por meios impressos, eletrônicos ou
audiovisuais, sem o consentimento expresso e documentado da Aller Editora.

Editora	Fernanda Zacharewicz
Conselho editorial	Andréa Brunetto • *Escola de Psicanálise dos Fóruns do Campo Lacaniano*
	Beatriz Santos • *Université Paris Diderot — Paris 7*
	Jean-Michel Vives • *Université Côte d'Azur*
	Lia Carneiro Silveira • *Escola de Psicanálise dos Fóruns do Campo Lacaniano*
	Luis Izcovich • *Escola de Psicanálise dos Fóruns do Campo Lacaniano*
Tradução	Luc Robert Jean Matheron
Revisão	André Luiz Rodrigues
Diagramação	Sonia Peticov
Capa	Wellinton Lenzi

Série *Letras psicanalíticas*
Primeira edição: novembro de 2021
Primeira impressão: novembro de 2024.

Dados Internacionais de Catalogação na Publicação (CIP)
Ficha catalográfica elaborada por Angélica Ilacqua CRB-8/7057

V842e   Vives, Jean-Michel

        O Édipo feminino e seus destinos / Jean-Michel Vives. — São Paulo: Aller, 2021.
        48 p. (Letras psicanalíticas; vol 2)

        ISBN 978-65-87399-27-0
        ISBN e-book: 978-65-87399-26-3
        Título original: *Œdipe féminin et destins de l'Œdipe féminin*

        1. Complexo de Édipo 2. Psicanálise 3. Psicologia clínica
        I. Título II. Série

21-4811   CDD: 154.24
                                                                      CDU 159.964

Índice para catálogo sistemático
1. Complexo de Édipo

Publicado com a devida autorização e
com todos os direitos reservados por

ALLER EDITORA
Rua Havaí, 499
CEP 01259-000 • São Paulo — SP
Tel: (11) 93015-0106
contato@allereditora.com.br

 Aller Editora •
 allereditora

AO ALCANCE DE TODOS

A Aller Editora nasceu do compromisso com a transmissão da psicanálise por meio da publicação de obras essenciais para a formação do analista. Desde sua fundação, firmamos o trabalho de parceria com nossos autores, logramos chegar a mais psicanalistas em nosso imenso país, ultrapassamos as fronteiras institucionais. Enfim, insistimos na convicção de que é possível ampliar o acesso às publicações psicanalíticas.

Aprendemos que se comemora dando um passo a mais em direção ao desejo. Como corolário disso, surgiu a ideia de disponibilizarmos periodicamente textos de nossos autores no formato de pequenos livros que pudessem ser baixados gratuitamente em qualquer dispositivo ou adquiridos impressos a preços acessíveis.

A série teve como primeiro volume o ensaio *Do ideal de família à criação desproporcional*, de Pablo Peusner. Publicamos agora o segundo volume, *O Édipo feminino e seus destinos*, escrito por Jean-Michel Vives, autor de *A voz no divã* e *Autismo e mediação*, este último escrito em parceria com Isabelle Orrado.

Nomeamos essa série "Letras Psicanalíticas", pois "letra" em francês se escreve igual a "carta" — *lettre*. Nosso desejo se estende por essas duas vias: que a carta chegue a seu destino, a todos os psicanalistas, e que a letra de nosso desejo continue se escrevendo.

Fernanda Zacharewicz
Editora

O Édipo feminino e seus destinos

Atualidade da civilização mino-miceniana

Véronique é uma mulher linda e elegante em torno dos seus cinquenta anos. Divorciada, ela tem um cargo importante numa administração. Ela veio me consultar pois seus pais, ao longo dos últimos meses, apresentaram sinais de envelhecimento patológico. Primeiro seu pai, depois sua mãe. Véronique ficou muito mais transtornada do que imaginara e se sente ultrapassada pela situação. No decorrer de nossas conversas, ela descobre com surpresa que suas reações com relação ao seu pai e à sua mãe são muito distintas. Enquanto ela visita seu pai com facilidade, não ocorre o mesmo com sua mãe. "Minhas relações com meu pai não mudaram muito: uma vez que foi aceita sua relação surrealista para com a realidade, não dá muitos problemas." Em compensação, ela expressa grande dificuldade para ir à instituição em que sua mãe foi internada. Mesmo assim, ela vai lá todo domingo.

Uma de suas últimas visitas a perturbou muito. Enquanto Véronique a ajuda caminhar, ela fica em frente à mãe e abre seus braços, "como se faria com uma criança que aprende a andar". Sua mãe, que já quase não fala mais, lhe endereça um sonoro "Chega de escárnio", ouvido pelo pessoal da equipe, que a olha constrangida. Ela mesma recebe a fala materna como bofetada, o que não afeta sua dolorosa dedicação.

Véronique poderia agregar-se com muitas outras pacientes que, confrontadas com o envelhecimento patológico ou não de suas mães, descrevem um confuso sentimento em que se encontram não apenas ambivalência, mas também, mais estranhamente, uma submissão, uma dedicação e uma disponibilidade para com suas mães das quais essas mulheres ativas, independentes e voluntárias não se imaginavam capazes nem desejosas. Véronique e as outras mulheres que trazem em sessão questões similares nos levam a revisitar, a partir dessa clínica, os destinos do Édipo feminino, que, como Freud o lembra em vários momentos de sua obra, são extremamente complexos e cujas fases propriamente pré-edípicas guardam uma importância frequentemente subestimada. Assim sendo, ele afirma em 1931:

> Nossa compreensão interna dessa fase primitiva, pré-edipiana, nas meninas, nos chega como uma surpresa, tal como a descoberta, em outro campo, da civilização mino-miceniana por detrás da civilização da Grécia.[1]

Em "Sexualidade feminina", de 1931, Freud compara a primeira fase do desenvolvimento psicossexual da menina à misteriosa civilização mino-miceniana, coberta pela civilização grega,

---

[1] FREUD, S. (1931) Sexualidade feminina. In: *Edição standard brasileira das obras psicológicas completas de Sigmund Freud. O futuro de uma ilusão, O mal-estar na civilização e outros trabalhos (1927-1931).* Direção de tradução de Jayme Salomão. Rio de Janeiro: Imago, 1996, p. 234.

mas que, deixando lá e cá rastros no decorrer das fases posteriores, provocaria surpresa quando chegasse a ser revelada. A civilização mino-miceniana obedece a leis, regras, muito diferentes daquelas que virão a reger a que a cobrirá, sem, contudo, fazer com que ela desapareça. As narrações míticas gregas testemunham tal persistência. A metáfora da civilização mino-miceniana corresponderia ao momento em que a menina ainda tem a mãe como objeto exclusivo de investimento. A concernente à civilização grega corresponderia ao investimento no pai após o momento em que a menina tivesse escolhido desviar-se, não sem dificuldades, da mãe para investir no pai. Esse desvio do investimento libidinal corresponderia ao enigma que faz com que

> esse ser, ao mesmo tempo bissexual e amoroso da mãe, torne-se mulher.[2]

---

[2]ASSOUN, P.-L. *Freud et la femme*. Paris: Petite Bibliotèque Payot, 1983, p. 115, tradução nossa. Outras referências importantes alimentaram o debate contemporâneo sobre as relações mãe-filha. Citaremos apenas algumas para contextualizar nossa proposta, mas escolhemos deliberadamente o texto de Freud de

Ocorre que esse tornar-se mulher não é — Freud o lembra muito antes de Simone de Beauvoir³ — uma evidência ou um mar de rosas. Arrancar-se da fase pré-edípica, do amor exclusivo pela mãe, é difícil e às vezes,

> em resultado de um desapontamento com o pai, [a criança] retorna à ligação com a mãe que abandonara.⁴

A civilização mino-miceniana não é tão facilmente coberta pela grega e sua persistência

---

1931 como principal fio condutor de nosso estudo. HAMON, M.-C. *Pourquoi les femmes aiment-elles les hommes? et non pas leur mère*. Paris: Seuil, 1992; LESSANA, M.-M. *Entre mère et fille: Un ravage*. Paris: Pauvert, 2000; SCHNEIDER, M. *Le paradigme féminin*. Paris: Flammarion, 2004; SOLER, C. (2003) *O que Lacan dizia das mulheres*. Tradução de Vera Ribeiro. Rio de Janeiro: Zahar, 2006; ZAFIROPOULOS, M. *La question féminine, de Freud à Lacan. La femme contre la mère*. Paris: P.U.F., 2010.
³BEAUVOIR, S. (1949) *O segundo sexo*. 2ª edição. Tradução de Sérgio Milliet. Rio de Janeiro: Nova Fronteira, 2009, versão digital.
⁴FREUD, S. (1931) Sexualidade feminina. In: *Edição standard brasileira das obras psicológicas completas de Sigmund Freud. O futuro de uma ilusão, O mal-estar na civilização e outros trabalhos (1927-1931)*. Direção de tradução de Jayme Salomão. Rio de Janeiro: Imago, 1996, p. 249.

modela o estilo do tornar-se mulher, com risco até de onerá-lo. Terminantemente, Freud nos revela a fórmula inconsciente dessa escolha:

> não devemos desprezar o fato de os primeiros impulsos libidinais [aqueles que se encontram na ligação mãe-filha][5] possuírem uma intensidade que lhes é própria, superior a qualquer outra que surja depois, e que pode ser verdadeiramente chamada de incomensurável.[6]

Incomensurável: que se situa além de qualquer possibilidade de medição. A intensidade das moções libidinais "mino-micenianas" unindo mãe e filha situar-se-ia além do princípio de prazer...

São os impasses dos destinos do Édipo feminino que me dedicarei a discernir na oportunidade desta intervenção, apoiando-me em situações operísticas. Por que a cena da ópera? Primeiro, porque as relações mãe-filha ali são

---

[5]Acrescentamos esse inciso para melhor compreensão da citação.
[6]*Ibid.*, p. 251.

pouco presentes — como na arte em geral, haja vista as inúmeras obras que expõem as ligações mãe-filho, pai-filho ou pai-filha — e, curiosamente, quando nela as meninas são representadas, tais relações são quase[7] sistematicamente fatais para a filha.

Em segundo lugar, porque, se a forma operística é uma das raras a propor a encenação das difíceis relações mãe-filha[8], ela também é uma

---

[7] Existe uma exceção notável nesse destino funesto na pessoa de Pamina, que, em *A flauta mágica*, de Mozart, logra resistir às terríveis injunções da mãe, a famosíssima Rainha da Noite. Não detalharemos, no âmbito restrito desta intervenção, os motivos que permitem que Pamina permaneça surda à voz materna; basta lembrar que, aos quase gritos da Rainha da Noite, se impõe a fala de Sarastro, na qual Tamino e Pamina podem se apoiar. O que não será mais o caso para Salomé e Electra, que encontraremos mais adiante.

[8] Um romance cativante de Barbey D'Aurevilly, *Une histoire sans nom* (1882), que apresenta uma relação mãe-filha fatal para essa última, mereceria — para além da síndrome de Lasthénie de Ferjol, que a psiquiatria criou a partir da personagem principal — um estudo aprofundado quanto à problemática que aqui nos interessa. Notar-se-á que essa obra é também escrita, como as outras aqui mencionadas, no final do século XIX, no momento em que, portanto, aparece a psicanálise. D'AUREVILLY, J. B. (1882) *Une histoire sans nom* Paris: Flammarion, 1999.

das primeiras a ecoar as pesquisas psicanalíticas[9]. O mundo artístico dos Simbolistas e dos Decadentistas sofreu, no final do século XIX e início do século XX, a influência do discurso psicanalítico emergente. Certamente não é por acaso que as obras que apresentam uma relação mortífera entre uma mãe e uma filha apareçam justamente naquela época[10]: os mistérios da psiquê, e mais particularmente da psiquê feminina, tornam-se o próprio fito das obras. Naquele mesmo período, como o mostra a ópera *Os contos de Hoffmann*, de Jacques Offenbach[11], já existia um interesse dos

---

[9] RIBEIRO, P. G. *Le drame lyrique au début du vingtième siècle*. Paris: L'Harmattan, 2002.

[10] Poderíamos ter acrescentado ao nosso painel a ópera de Jules Massenet, *Hérodiade*, criada em 1881 no Teatro da Monnaie, em Bruxelas, com um libreto extraído de "Herodíade", narrativa presente no livro *Três contos*, de Gustave Flaubert, e que retoma o episódio bíblico da decapitação de João Batista. Neste caso também, embora presente de forma mais suave do que em Oscar Wilde, a relação entre Herodíade e Salomé permanece no centro do projeto dramatúrgico.

[11] Em 1881, data da criação de Os *contos de Hoffmann*, de Jacques Offenbach, no Opéra Comique de Paris, Charcot dá no hospital da Salpêtrière aulas abertas ao público, tornando-se, em 1882, as famosíssimas lições de terça de manhã. A histeria, por meio da brilhante intervenção de um diretor neurologista, torna-se

artistas para com os estados de consciência modificados e seu tratamento pela hipnose[12].

O drama lírico, na virada do século XX, é totalmente impregnado do interesse que a sociedade expressa pelos distúrbios psíquicos. Notar-se-á — sem por isso sobreinterpretar o fato — que as datas da criação das óperas relacionadas a essa relação mortífera da filha para com sua mãe coincidem com as da emergência da psicanálise como método e teoria. O ano de 1881 (data da criação de *Os contos de Hoffmann*) presencia Freud defendendo sua tese e apaixonando-se por Martha Bernays, que ele desposará alguns anos mais tarde. Em 1891, ele se instala no 19 Berggasse, em Viena, onde iniciará no ano seguinte o tratamento de Elisabeth von R., que será, segundo ele, a primeira paciente a se

---

obra de arte sob os olhares fascinados de um público cada vez mais numeroso. Cf. DIDI-HUBERMAN, G. (1982) *A invenção da histeria: Charcot e a iconografia fotográfica da Salpêtrière*. Tradução de Vera Ribeiro. Rio de Janeiro: MAR/Contraponto, 2015.
[12]Cf. VIVES, J.-M. (2012) *A voz no divã: uma leitura psicanalítica de ópera, música sacra e eletrônica*. Tradução de Mário Sagayama. São Paulo: Aller, 2020, p. 163-193.

beneficiar do tratamento psicanalítico e constituirá um dos casos de histeria apresentado em 1895 em "Estudos sobre a histeria"[13]. O ano de 1905 (data da criação de *Salomé*[14], de Richard Strauss) vê a publicação de "Três ensaios sobre a teoria da sexualidade", "Fragmento da análise de um caso de histeria"[15], o caso Dora, e "Os chistes e sua relação com o inconsciente"[16]. Finalmente, em 1909 (ano da criação de *Elektra*[17], de Richard Strauss), Freud publica "Análise de uma fobia em

---

[13] FREUD, S. *Edição standard brasileira das obras psicolóogicas completas de Sigmund Freud. Estudos sobre a histeria (1893-1895)*. Direção de tradução de Jayme Salomão. Rio de Janeiro: Imago, 1996.

[14] *Salomé*, ópera de Richard Strauss criada em Dresden, em 1905, com libreto de Hedwig Lachmann, a partir da peça de teatro *Salomé*, de Oscar Wilde, escrita em francês em 1891.

[15] Ambos em FREUD, S. *Edição standard brasileira das obras psicolóogicas completas de Sigmund Freud. Um caso de histeria, Três ensaios sobre a teoria da sexualidade e outros trabalhos (1901-1905)*. Direção de tradução de Jayme Salomão. Rio de Janeiro: Imago, 1996.

[16] FREUD, S. *Edição standard brasileira das obras psicolóogicas completas de Sigmund Freud. Os chistes e sua relação com o inconsciente (1905)*. Direção de tradução de Jayme Salomão. Rio de Janeiro: Imago, 1996.

[17] *Elektra*, ópera de Richard Strauss criada em Dresden, em 1909, com libreto de Hugo von Hofmannsthal, adaptado de sua peça homônima de 1903 e escrita a partir de Sófocles.

um menino de cinco anos" e "Notas sobre um caso de neurose obsessiva"[18].

Indubitavelmente, os textos desses anos essenciais não têm a força das sínteses propostas por Freud em 1931 e 1932 quanto à questão do Édipo feminino, cujos desdobramentos nos interessam neste artigo; no entanto, eles constituem um alicerce incontornável do assunto. Electra e Salomé, personagens das óperas homônimas de Richard Strauss, são as figuras que nos guiarão na exploração dos impasses do difícil devir feminino na sua relação com a mãe.

Electra não é o simétrico de Édipo

A civilização mino-miceniana nos legou uma figura da qual Jung achou poder fazer o equivalente de Édipo para a filha: trata-se de Electra, cuja tragédia acontece justamente em Micenas.

---

[18]Ambos em FREUD, S. *Edição standard brasileira das obras psicolóogicas completas de Sigmund Freud. Duas histórias clínicas (O "Pequeno Hans" e o "Homem dos ratos") (1909)*. Direção de tradução de Jayme Salomão. Rio de Janeiro: Imago, 1996.

Em "Tentativa de apresentação da Teoria Psicanalítica", de 1913, Jung introduz a expressão *complexo de Electra*[19], pensando poder, a partir dessa personagem mítica, ilustrar o que ocorre com o complexo de Édipo na sua versão feminina. Tal expressão passa, assim, a ser utilizada por ele como sinônimo de Édipo feminino, marcando e sublinhando a existência de uma estrita simetria em ambos os sexos quanto a sua atitude para com os pais. O complexo de Electra e o complexo de Édipo seriam, para Carl Jung, exatamente o negativo um do outro. Logo em 1920, na oportunidade da publicação do texto "A psicogênese de um caso de homossexualidade numa mulher", Freud sublinha que ele não enxerga o interesse para tal denominação[20]. Em "Sexualidade femi-

---

[19]JUNG, C. (1913) Tentativa de apresentação da Teoria Psicanalítica. In: *Freud e a psicanálise*. Tradução de Lúcia Matilde Endlich Orth. Petrópolis: Vozes, 2014, § 347.
[20]FREUD, S. (1920) A psicogênese de um caso de homossexualidade numa mulher. In: *Edição standard brasileira das obras psicolóogicas completas de Sigmund Freud. Além do princípio de prazer, Psicologia de grupo e outros trabalhos (1920-1922)*. Direção de tradução de Jayme Salomão. Rio de Janeiro: Imago, 1996, p. 167, nota 1.

nina", ele é ainda mais categórico: o Édipo feminino em nada é o simétrico ao do menino.

> Temos aqui a impressão de que o que dissemos sobre o complexo de Édipo se aplica de modo absolutamente estrito apenas à criança do sexo masculino, e de que temos razão ao rejeitarmos a expressão "complexo de Electra", que procura dar ênfase à analogia entre a atitude dos dois sexos. É apenas na criança do sexo masculino que encontramos a fatídica combinação de amor por um dos pais e, simultaneamente, ódio pelo outro, como rival.[21]

É essa não simetria que justifica a rejeição freudiana ao complexo de Electra, que pressupõe uma analogia entre a posição da menina e a do menino para com seus pais.

---

[21] FREUD, S. (1931) Sexualidade feminina. In: *Edição standard brasileira das obras psicológicas completas de Sigmund Freud. O futuro de uma ilusão, O mal-estar na civilização e outros trabalhos (1927-1931)*. Direção de tradução de Jayme Salomão. Rio de Janeiro: Imago, 1996, p. 237.

Contudo, se Freud está de fato certo, é preciso reconhecer que Jung não está completamente errado, mesmo não sendo pelos motivos que ele próprio alega. Jung escolheu Electra pensando encontrar nela um simétrico do destino edipiano, mas uma leitura atenta do mito permite observar que, se Electra não é, como o afirma com razão Freud, o simétrico de Édipo, ainda assim essa figura nos permite entrever apostas importantes quanto aos destinos do Édipo feminino na sua relação com a esfera maternal.

Electra, figura da paixão pela mãe

Tudo começa com a guerra de Troia. Helena, esposa de Menelau, foi raptada por Páris, filho do rei Príamo, que reina em Troia. Os gregos juntam-se para se vingar do ultraje e preparam-se para zarpar e recuperar a bela Helena, vingando a honra grega. Porém, a frota permanece desesperadamente no porto: os ventos se recusam a soprar. Foi-se consultar o oráculo, que anunciou que, para que as tropas pudessem sair do porto, Ifigênia, a filha de Agamêmnon, rei da poderosa Micenas e chefe dessa expedição, deveria ser sacrificada. Em dois tempos foi feito. A expedição pôde zarpar e sabe-se o desfecho: Troia é destruída.

Enquanto isso, em Micenas, Clitemnestra, esposa de Agamêmnon, toma o primo dele, Egisto, como amante e o instala no trono do marido. O retorno vitorioso de Agamêmnon à sua pátria acabou-se com seu assassinato pela própria esposa enquanto ele tomava banho.

A partir daí, Electra, filha de Clitemnestra e Agamêmnon, vai chorar a morte do pai assassinado e manifestar um ódio violento para com a mãe, e cada um dos seus encontros é de grande violência. É aí que Jung achou poder enxergar a simetria Édipo/Electra. Inteiramente guiada por seu desejo de vingança, ela busca a ajuda de sua irmã, a frágil Crisótemis, que se recusa[22].

---

[22] Encontramos aqui o funcionamento contraditório do casal sororato Antígona/Ismênia, que Sófocles expõe logo na primeira cena de sua peça. Cf. VINOT, F.; VIVES, J.-M. Conformisme de vie, conformisme de mort: une étude de la conformité psychique à partir de l'*Antigone* de Sophocle. In: *Topique*, n° 136. Paris, 2016, p. 91-101.

Esta a avisa que Clitemnestra e Egisto querem enclausurá-la. Electra espera o retorno do seu irmão Orestes, exilado longe do palácio quando criança. Electra quer ver sua mãe morrer sob os golpes do seu irmão. Mas Crisótemis lhe anuncia que dois estrangeiros vieram trazer a notícia da morte de Orestes. Electra encontra-se então mergulhada numa profunda aflição. Ocorre que um dos estrangeiros ninguém mais é do que o próprio Orestes, que se passou por morto a fim de introduzir-se no palácio para vingar seu pai. O grito de Clitemnestra, seguido do urro de Egisto, confirmará o duplo homicídio perpetrado por Orestes.

A situação foi frequentemente interpretada, depois de Jung, como manifestação do Édipo de Electra para com seu pai. Electra quer matar sua mãe para vingar a morte do pai amado.

Será preciso esperar o início do século XX e a ópera *Elektra*, de Hugo von Hofmannsthal, que é uma reescrita da peça de Sófocles, para que a complexidade da relação mãe-filha apareça e seja revelada à luz do dia, no palco. A obra data de 1903 e, portanto, é contemporânea do nascimento da psicanálise e seus textos essenciais, a saber: "Sobre a psicopatologia da vida cotidiana"[23], "Três ensaios sobre a teoria da sexualidade", "Fragmento de uma análise de histeria"[24] e "Os chistes e sua relação com o inconsciente"[25]. Hugo von Hofmannsthal escreverá sua peça *Elektra* sob a influência[26] das teorias freudianas, que já tinham penetrado o meio artístico ainda mais do que o meio médico.

A interpretação de Hofmannsthal, que se pretende uma adaptação da peça de Sófocles, traz certos elementos novos que convém identificar. O primeiro é verdadeiramente um ato falho. No momento em que Orestes sai para

---

[23]FREUD, S. *Sobre a psicopatologia da vida cotidiana (1901)*. Direção de tradução de Jayme Salomão. Rio de Janeiro: Imago, 1996.
[24]Ambos em FREUD, S. *Um caso de histeria, Três ensaios sobre a teoria da sexualidade e outros trabalhos (1901-1905)*. Direção de tradução de Jayme Salomão. Rio de Janeiro: Imago, 1996.
[25]FREUD, S. *Edição standard brasileira das obras psicolóogicas completas de Sigmund Freud. Os chistes e sua relação com o inconsciente (1905)*. Direção de tradução de Jayme Salomão. Rio de Janeiro: Imago, 1996.
[26]Stanislas Nordey, que dirigiu a peça de Hugo von Hofmannsthal em 2007, no Teatro Nacional da Colline, afirmou na ocasião de uma entrevista: "É uma obra escrita sob Freud, no sentido de uma obra escrita sob ácido lisérgico".

matar Clitemnestra e seu amante, Electra se "esquece" de entregar para o irmão o machado que golpeou seu pai e que ela queria que fosse o instrumento da vingança. Tal situação não existe no modelo sofocliano de Hofmannsthal. Trata-se, portanto, de uma interpretação do poeta. Interpretação em que se pode ler, por um lado, a influência freudiana — Hofmannsthal é leitor de Freud desde "Estudos sobre a histeria" — sobre a elaboração do libreto e, por outro, as pegadas "mino-micenianas" pré-edípicas da paixão pela mãe no amor edípico "grego" pelo pai.

O segundo elemento aparece no final da obra: o mortífero êxtase de Electra. Segue o fim do texto *Elektra*, de Hofmannsthal:

> *Electra desce da entrada. Ela revira a cabeça como uma mênade, levanta os joelhos, lança os braços e começa uma dança durante a qual ela avança para o primeiro plano.*
>
> CRISÓTEMIS: Electra!
>
> ELECTRA: Cale-se e dance! Que todos se aproximem e se juntem a mim! Carrego um feixe

de felicidade e danço na sua frente. Aos seres felizes como nós, convém um único comportamento: calar-se e dançar!

Ela dá ainda alguns passos numa exaltação extrema de triunfo e desaba.

CRISÓTEMIS: *Precipita-se em direção a ela. Electra está deitada no chão, rígida. Crisótemis corre para o palácio e bate na porta.*

Orestes! Orestes!

Silêncio, cortina.[27]

Reencontrando a origem dionisíaca do teatro (*O nascimento da tragédia*, de Nietzsche, data de 1872[28]), Electra consome-se numa dança extática que se acaba na morte. Electra pôde sobreviver ao assassinato do seu pai, mas se afunda num êxtase mortífero após o de sua mãe.

A *Elektra* de Hofmannsthal não seria tanto a ilustração do amor de Electra pelo pai,

---

[27]HOFMANNSTHAL, H. Von. (1903) Elektra. In: *L'avant scène opéra*, nº 92. Paris: Éditions Premières Loges, 2009, p. 67, tradução nossa.

[28]NIETZCHE, F. (1872) *O nascimento da tragédia*. Tradução de Jacó Guinsburg. São Paulo: Companhia das Letras, 2007.

Agamêmnon, quanto a encenação das "moções libidinais incomensuráveis"[29] que a ligam a sua mãe, Clitemnestra. Isso não escapou ao sutil Hofmannsthal. Com efeito, tal como ele mesmo o observa[30], sua *Elektra* não é muito diferente de *Hamlet*, de Shakespeare. Hamlet evita vingar o pai e somente mata Cláudio sob a pressão dos acontecimentos, quase que contra sua vontade. Electra também sonha em assassinar sua mãe e Egisto, mas não o faz. Conhecemos a interpretação que Freud deu da indecisão de Hamlet, e isso logo em "A interpretação dos sonhos".

> Outra das grandes criações da poesia trágica, o *Hamlet* de Shakespeare, tem suas raízes no mesmo solo que *Oedipus Rex*. [...] A peça se alicerça nas hesitações de Hamlet em cumprir a tarefa de vingança que lhe é atribuída; mas seu texto não

---

[29]Cf. a citação 6.
[30]"Pensa-se em Hamlet e a analogia foi revelada por Hofmannsthal: '*Conscience does make cowards of us all*'. As situações são quase idênticas." BANOUN, B. D'Électre à Hélène: l'itinéraire de Hugo von Hofmannsthal. In: *L'avant scène opéra*, n° 92. Paris: Éditions Premières Loges, 2009, p. 67.

O Édipo feminino e seus destinos

oferece nenhuma razão ou motivo para essas hesitações [...] O que é, então, que o impede de cumprir a tarefa imposta pelo fantasma do pai? A resposta, mais uma vez, está na natureza peculiar da tarefa. Hamlet é capaz de fazer qualquer coisa — salvo vingar-se do homem que eliminou seu pai e tomou o lugar deste junto a sua mãe, o homem que lhe mostra os desejos recalcados de sua própria infância realizados.[31]

Se levarmos a sério a aproximação que Hofmannsthal faz entre Hamlet e Electra, podemos então "transferir" a interpretação freudiana para o *Elektra*. Permitir-nos-ia então avançar que, se o discurso manifesto de Electra é totalmente de ódio para com sua mãe, Clitemnestra, sua impossibilidade em agir e seu ato falho no final poderiam ser compreendidos como a impossibilidade de romper esse laço com ela. Aliás, é por meio

---

[31] FREUD, S. (1900) A interpretação dos sonhos. In: *Edição standard brasileira das obras psicológicas completas de Sigmund Freud. A interpretação dos sonhos (I) (1900)*. Direção de tradução de Jayme Salomão. Rio de Janeiro: Imago, 1996, p. 291.

de *Triff noch einmal*! [Golpeie mais uma vez!] que Electra responde ao grito de Clitemnestra, como se quisesse ter certeza de que o laço que a liga a sua mãe fosse final e definitivamente cortado.

O desafio dessa proximidade, dessa similitude, e a impossível separação que lhe são atreladas foram pressentidas por Jean-Paul Sartre, que, em *As moscas*[32], de 1943, faz Clitemnestra dizer:

> [...] Tu me odeias, minha criança, mas o que mais me inquieta é que te pareces comigo: eu já tive esse rosto petulante, esse sangue inquieto, esse ar dissimulado — e disso não me veio nada de bom.[33]

E depois:

> O que odeio em ti, Electra, é a mim mesma.[34]

---

[32] O texto de Sartre retoma o mito de Orestes e Electra.
[33] SARTRE, J.-P. (1943) *As moscas*. Tradução de Caio Liudvik. Rio de Janeiro: Nova Fronteira, 2005, p. 28, primeiro ato, cena 5.
[34] *Ibid.*, p. 32, primeiro ato, cena 5.

Freudiano apesar dele mesmo, Sartre fará do fim de sua peça uma ilustração cativante da tese de Freud. Enquanto Orestes escolhe — depois do duplo assassinato, de Clitemnestra e Egisto — deixar a cidade e se eximir do arrependimento, Electra escolhe permanecer ali para sempre, não escapando do arrependimento e pedindo para Júpiter mantê-la na sua alienação.

> ELECTRA: [...] Socorro! Júpiter, rei dos Deuses e dos homens, toma-me em teus braços, leva-me, protege-me. Seguirei tua lei, serei escrava e coisa tua, beijarei teus pés e teus joelhos. [...] não me deixes sozinha, consagrarei a vida inteira à expiação. Eu me arrependo, Júpiter, eu me arrependo.[35]

Electra escolhe permanecer pelo resto de sua vida alienada ao desejo de sua mãe, do qual acreditara poder se safar. A morte de Clitemnestra apenas lhe revela que ela não conseguiu processar o luto de

---

[35]*Ibid.*, p. 108, terceiro ato, cena 3.

seu querer-mulher, que permanece, apesar do que ela pôde ter dito, mais forte do que seu desejo[36].

Salomé, uma "m'erre version"[37]

No seminário *R.S.I.*, Lacan dá uma versão do pai a partir daquilo que ele escolhe denominar

---

[36] "O objeto primordial do querer-mulher é, de fato, a mãe. Mas, para desejar e acessar o homem, ela teve de passar pelo luto desse querer. O questionamento de Freud seria, portanto: por que ela permanece assim, querendo, para além do seu desejo? — é o que não consigo compreender." ASSOUN, P-L. *Freud et la femme*. Paris: Petite Bibliotèque Payot, 1983, p. 115, tradução nossa.

[37] Nota do tradutor: No seminário *R.S.I.*, Lacan introduz a construção *père-version*, literalmente, "pai-versão", um jogo de palavras que, em francês, cria uma homofonia entre "perversão" [*perversion*] e "versão do pai" [*père-version*]. *M'erre-version*, elaborado aqui pelo autor, é construído sobre o mesmo modelo de *père-version*, mas inserindo um outro jogo de sonoridade, sendo que *m'erre* se pronuncia como *mère* [mãe]. Portanto, entende-se aqui o paralelo feito pelo autor entre o conceito lacaniano de "versão do pai" com essa "versão da mãe". Por sua vez, *erre* é um substantivo feminino que tem como etimologia o latim clássico *iter* [viagem, trajeto, marcha, caminho]. Mas *erre* é também uma forma conjugada do verbo *errer* [viajar, vaguear, errar]. Portanto, existe uma diferença etimológica entre *erre* substantivo e *erre* verbo conjugado. Lacan, em *R.S.I.*, brinca e mescla esses sentidos, o que se reencontra aqui. Construções feitas sobre tais especificidades fonéticas do francês são deixadas nesse idioma por não serem traduzíveis sem prejuízo de sentido.

père-version. O que permitirá à criança voltar-se para o pai é que este encarna uma versão do gozo para a mãe, enquanto mulher. Uma versão é uma particularidade, o que implica que pode haver outras. Nesse seminário, Lacan define o amor pelo pai em relação com essa *père-version*. O pai é amado não enquanto herói, grande homem ou homem ideal, mas como aquele que assume sua versão de gozo para uma mulher.

> Um pai só tem direito ao respeito, senão ao amor [...] feito de uma mulher, a causa do seu desejo.[38]

Aqui, o pai é definido não a partir de uma operação simbólica, mas pelo fato de assumir seu modo de gozar com uma mulher[39] que cau-

---

[38]LACAN, J. (1974-1975) *O seminário, livro 22: R.S.I.* Inédito. Aula de 21 de janeiro de 1975. Tradução nossa.
[39]Essa escolha de objeto apresentada como "naturalmente" heterossexual é sem dúvida um pouco redutora e mereceria ser reavaliada à luz de trabalhos psicanalíticos recentes sobre o gênero e suas vicissitudes. Cf. *https://lundi.am/Dysphorique-toi-meme*. Acessado em 19 de agosto de 2021, às 15h31.

sa seu desejo. Afinal, a *père-version* não remete a um universal, pois não diz como se deve gozar e, nesse sentido, tem pouco ou nada a ver com a perversão.

Entre mãe e filha, o problema é que não há significante em que se agarrar. Não há "A" mulher. Nenhuma mãe pode dizer o que precisa ser como mulher. Não existindo "A" mulher, fica pouco espaço como suporte da identificação. Pode até ser o lugar de uma devastação para a filha. O que poderíamos nomear de *m'erre-version*. Há errância no Édipo feminino, o que Freud já identificara claramente.

Pode-se ler uma ilustração dessa *m'erre-version* a partir da personagem bíblica Salomé, em que o gozo da mãe se expressa com toda sua crueldade. Para perceber toda a causticidade da situação, convém voltar às fontes bíblicas, que mostram claramente que o pedido de Salomé — a cabeça de João Batista — é a expressão do desejo materno, e não seu.

Mateus, no seu Evangelho, apresenta assim a cena:

> ⁶Ora, por ocasião do aniversário de Herodes, a filha de Herodíades dançou ali e agradou a Herodes. ⁷Por essa razão prometeu, sob juramento, dar-lhe qualquer coisa que pedisse. ⁸Ela, instruída por sua mãe, disse: "Dá-me, aqui num prato, a cabeça de João Batista".
> ⁹O rei se entristeceu. Entretanto, por causa do seu juramento e dos convivas presentes, ordenou que lha dessem. ¹⁰E mandou decapitar João no cárcere. ¹¹A cabeça foi trazida num prato e entregue à moça, que a levou à sua mãe.[40]

Marcos é ainda mais explícito:

> ²²E a filha de Herodíades entrou e dançou. E agradou a Herodes e aos convivas. Então o rei disse à moça: "Pede-me o que bem quiseres, e te darei". ²³E fez um juramento:

---

[40] BÍBLIA, N. T. Evangelho segundo São Mateus. Capítulo 14, versículos 6-11. In: *A Bíblia de Jerusalém*. São Paulo: Edições Paulinas, 1973, p. 1865.

"Qualquer coisa que me pedires eu te darei, até a metade do meu reino". ²⁴Ela saiu e perguntou à mãe: "O que é que eu peço?". E ela respondeu: "A cabeça de João Batista". ²⁵Voltando logo, apressadamente, à presença do rei, fez o pedido: "Quero que, agora mesmo, me dês num prato a cabeça de João Batista". ²⁶O rei ficou profundamente triste. Mas, por causa do juramento que fizera e dos convivas, não quis deixar de atendê-la. ²⁷E imediatamente o rei enviou um executor, com ordens de trazer a cabeça de João. ²⁸E saindo, ele o decapitou na prisão. E trouxe a sua cabeça num prato. Deu-a à moça, e esta entregou a sua mãe.[41]

Está claro aqui que o desejo de Salomé é o desejo da mãe.

Em 1891, Oscar Wilde escreve em francês uma peça a partir desse episódio famoso. Ao

---

[41]BÍBLIA, N. T. Evangelho segundo São Marcos. Capítulo 6, versículos 22-25. In: *A Bíblia de Jerusalém*. São Paulo: Edições Paulinas, 1973, p. 1906.

retomar a cena implicando Salomé, Wilde empenha-se em descrever as relações conturbadas que unem os protagonistas: Salomé, filha de Herodíade — a mesma esposa de Herodes Antipas —, e Iokanaan (João Batista), o profeta preso por ordem do rei.

Para Salomé, tudo começa com uma voz anônima que surge de um cárcere, desprendida do seu corpo, como mais tarde o será a cabeça. Uma voz de profeta que insulta e maldiz, e que, de saída, seduz a princesa: "Que voz estranha! Gostaria de falar com ele...". Essa voz, Salomé deseja vê-la articular-se com um olhar, um desses olhares que não faltam em torno da jovem e que, desde o início da obra, são percebidos como maléficos e dos quais é preciso defender-se:

> O Jovem Sírio, Narraboth (*muito agitado*): A princesa se levanta. Sai da mesa. Parece muito inquieta. Ela vem para cá.
> O Pajem de Herodíade: Não olhes para ela!
> Narraboth: Sim, ela vem em nossa direção!

O Pajem: Peço-te, não a olhes![42]

Por não querer (ou poder) ouvir o aviso do pajem, Narraboth será levado a se matar. O olhar é também aquele de Herodes em Salomé, insistente e cheio de desejo.

> Herodíade (*ao Herodes*): Tu não deves olhá-la. Tu não paras de olhá-la [...] Eu disse para não olhar para ela. [...] Por que a olhas sem parar?[43]

Mas é ver e ser vista por Iokanaan que Salomé quer, a qualquer custo, conseguir. Para tanto, ela está disposta a prometer a Narraboth olhar para ele no dia seguinte, a fim de que ele, apesar da proibição do Tetrarca, faça o profeta sair da cisterna. Salomé utiliza, para obrigar o jovem capitão, todos os recursos hipnóticos da voz e do olhar, contra os quais, ela sabe, ele não teria como resistir.

---

[42]WILDE, O. (1891) Salomé. Tradução francesa de Georges Pucher. In: *L'avant scène opéra*, n° 240. Paris: Premières Loges, 2007, primeira cena, p.15. Tradução nossa.
[43]*Ibid.*, quarta cena, p.31.

> Salomé: Farás isso para mim, Narraboth. Tu bem sabes que o farás para mim... E amanhã, olhar-te-ei através do meu véu de musselina; olhar-te-ei, Narraboth, e pode ser que te sorria. Olha-me, Narraboth! Olha-me! Ah! Tu bem sabes que vais fazer o que lhe peço. Bem sabes! (*com intensidade*) Tenho a certeza de que o farás.[44]

É não somente do olhar de Iokanaan que Salomé quer se apossar, mas também de sua voz. Nem um nem o outro lhe serão facultados, amarrando assim o drama.

> Iokanaan: Quem é esta mulher, que tanto olha para mim? Não quero os seus olhos sobre mim. Por que ela me olha assim?
> Salomé: [...] Fala mais, Iokanaan, tua voz é como uma música para meus ouvidos.
> Iokanaan: [...] Não me fales! Eu não quero te ouvir.[45]

---

[44] *Ibid.*, segunda cena, p.19. Salomé sabe tudo do poder hipnótico dos objetos olhar e voz.
[45] *Ibid.*, terceira cena, p. 23 e 25.

Preocupada com o Outro maternal, Salomé espera que a voz de Iokanaan venha tirá-la dessa paixão mortífera. Tal ausência de olhar e de voz deixará Salomé inteiramente submissa à voz materna e a suas terríveis injunções. No momento em que Salomé, após ter dançado, pede a cabeça de Iokanaan, Oscar Wilde, com muita pertinência clínica, coloca essa fala na boca do Tetrarca, esposo de Herodíade.

> HERODES: Não, não, Salomé; <u>não é isso que desejas! Não escute a voz de tua mãe</u>. Ela sempre te deu maus conselhos. Não a escute![46]

Decerto, Herodes tem razão ao adivinhar que não se trata do desejo de Salomé, mas, mais acertadamente ainda, ele distingue o gozo mortífero no qual ela está enredada, gozo relacionado a essa fase "mino-miceniana" do desenvolvimento psicossexual da menina. Até o fim, Salomé tentará conseguir o tal olhar e a tal palavra daquele

---

[46]*Ibid.*, quarta cena, p. 47, grifo nosso.

outro masculino desejante que lhe teria permitido desprender-se da relação incestuosa insuportável. *Père-version versus m'erre version*. Ao obter a cabeça do profeta, são ainda os objetos do desejo — a voz e o olhar — que ela tentará colher.

> SALOMÉ (*inclina-se para a cisterna e escuta*): Não se percebe nenhum rumor. Não ouço nada. Por que esse homem não grita? Ah! Se alguém viesse me matar, eu gritaria, resistiria, não o deixaria fazer!... Golpeia, golpeia, Naaman, golpeia, te digo... Não, não ouço nada. Só um silêncio horroroso. [...] (*Um gigantesco braço negro, o braço do carrasco, sai da cisterna, trazendo num escudo de prata a cabeça de Iokanaan. Salomé apanha-a.*) [...] Mas por que não me olhas, Iokanaan? Teus olhos tão terríveis, tão cheios de raiva e desprezo, estão cerrados agora. Por que os fechaste? Abra os olhos, levante as pálpebras, Iokanaan! Por que não me olhas? Tens medo de mim, Iokanaan, que não queiras olhar-me? E tua língua, não fala mais uma palavra. [...] Ah ! Por que não me olhaste, Iokanaan? Puseste

nos olhos a venda daquele que quer ver seu Deus. Então! Tu viste teu Deus, Iokanaan, mas eu, tu jamais me viste. Se me tivesses visto, amar-me-ias decerto![47]

Pode-se expressar melhor essa súplica por amor que permitiria à jovem subtrair-se à paixão da mãe[48]?

A mascarada como barragem à devastação maternal

A mascarada feminina implica de forma evidente, na sua relação para com o outro, a dimensão do olhar, mas ela a ultrapassa por também ser um apelo que articula o feminino, de forma específica, à dimensão da invocação. Com efeito, ao se oferecer ao olhar como o faz, a moça convida o Outro a um encontro e a uma resposta.

---

[47] *Ibid.*, quarta cena, p. 51-53.
[48] A ser entendido, mais uma vez, como paixão da mãe e paixão pela mãe.

O Édipo feminino e seus destinos

Invocação que, quando é vivida como não aceita pelo outro, parece, no campo feminino, tomar a forma específica do lamento. Efetivamente, a mascarada feminina não implica por isso que seja, na ocasião, sem dor. Pois, se graças a ela uma mulher pode amar-se e incitar o outro a amá-la, ela implica também um perigo particularmente sensível para a mulher: a perda de amor, pois então ser abandonada significa perder tudo, ser remetida ao vazio, não ser nada.

O abandono, a insuficiência da máscara, mostra no horizonte um risco mortal para o sujeito feminino. Algumas se suicidam quando a máscara começa a vacilar, ou, ao contrário, apegam-se à máscara, passando da mascarada para a impostura. Pois o único recurso para se reconhecer mulher é frequentemente a expressão do desejo do outro, e daí essa dependência para com o parceiro e esse desmoronamento tão frequentemente observado quando este último se afasta. O próprio da feminidade é só poder ser reconhecida pelo outro. Em frente ao espelho, uma mulher poderá achar-se bela ou feia, mas nenhum sinal objetivo poderá assegurá-lo. O que o homem deseja nela só ele pode dizer se ela o possui ou não. O homem ou a rival de quem inveja a feminidade que a torna desejável.

Sabe-se que "o amor é filho da boemia, nunca quis saber de lei"[49], e essa dimensão indomada e indomável do desejo a confronta com a figura do capricho de um Outro inconstante. Constituir-se enquanto objeto do desejo do Outro a traz aos impasses da relação ao Outro maternal e a confronta com o abismo do imperativo do seu gozo: não ser mais sujeito da falta, mas objeto, e além do mais, neste caso, faltante. O sujeito feminino encontra-se então suspenso à confirmação do Outro; se tal confirmação vier a faltar, ela duvida. Como o observou J. André, aquilo se expressa no decorrer da análise em frases como: "Ele não me quer mais, não me deseja mais, não me ama mais, não me olha mais". Ou então: "Minha mãe nunca me amou". Entendamos bem: "mais", e

---

[49]Trata-se das primeiras palavras da ária de Carmen na ópera homônima de Georges Bizet, de 1875.

não simplesmente "não"; e "nunca", e não "insuficientemente"[50]. Portanto, no divã ou na vida, surge o lamento que tenta fazer, para além da perda, consistir o objeto perdido.

Pois, para que a mascarada, no sentido da relação ao semblante, possa funcionar, é preciso, por parte do parceiro, certo tipo de retorno. A mascarada feminina não funciona sozinha em frente ao espelho, é preciso um desejo X (para retomar a expressão de Lacan e deixar claro que não é exclusivamente sexual), desejo causado por essa enigmática essência feminina velada, que remete a uma ausência associada à presença. Esse "eterno feminino" que a mascarada deixa entrever, uma mulher tem a possibilidade de desvelá-lo sem saber por isso o que é essa suposta essência. Disso ela não tem o saber, o que não impede que tal essência seja imediatamente reconhecida. Tal reconhecimento é o que uma mulher pode esperar do parceiro. O receptor

---

[50] ANDRÉ, J. La perte d'amour. In: *Psychologie clinique et projective*, v. 1, n° 2, 1995, p. 161-168.

recebe a mensagem silenciosa do emissor, isto é, a essência enigmática feminina, e, ao recebê-la, retorna-a de forma audível, por exemplo, um chiste. A transmissão de uma surpresa manifestada pela mente remete uma mulher à existência do seu enigma, permitindo-lhe sustentá-la.

Quando o tornar-se mulher é problemático, a mulher em devir não é mais o lugar enigmático onde pode encarnar-se a Coisa, mas se encontra rendida no lugar de sua exclusiva aparência silenciosa e sem profundidade, muito dócil[51]. Com efeito, como A. Didier-Weill[52] o observou, se a mulher, no instante em que ela deve tomar a palavra (em especial em público), pode sentir, mais ainda do que o homem, o sentimento perseguidor, fazendo-a crer que corre o risco de se tornar transparente e não conseguir falar, é que

---

[51]Nota da editora: Em francês, *sage comme une image*, expressão que designa uma criança bem-comportada. Optou-se por traduzir como "muito dócil" por não ter sido encontrada expressão equivalente e adequada para o contexto.

[52]DIDIER-WEILL, A. (1995) *Os três tempos da lei: o mandamento siderante, a injunção do supereu e a invocação musical*. Tradução de Ana Maria de Alencar. Rio de Janeiro : Zahar, 1997.

ela está fadada a ser bela para não ser transparente, para não ser identificada à falta.

A mistura das línguas mino-miceniana e grega: um destino tão funesto

"Se eu não tiver nada, não sou nada." A relação à Coisa não é mais mediada pela construção da máscara. Aqui, não há mais nem fala nem vocalização, mas o silêncio da pulsão de morte. "A ausência de resposta ao chamado leva o sujeito feminino, então, a perder-se na ausência que sua criação tentava, ao mesmo tempo, evocar e revogar."[53] A voz torna-se murmúrio e se apaga. O "cale-se!" superegoico pode então transformar-se em "mate-se!". De emissor enigmático do lugar da Coisa, a mulher em devir se torna emissora lamentosa, e depois se torna receptora perseguida. "Mate-se!" seria a injunção do superego

---
[53] VIVES, J.-M. (2012) *A voz no divã: uma leitura psicanalítica de ópera, música sacra e eletrônica*. Tradução de Mário Sagayama. São Paulo: Aller, 2020, p. 155-156.

maternal, à qual viria fazer barragem a injunção do superego paternal: "cale-se!". "Cale-se!" podendo dirigir-se tanto para a voz perseguidora quanto para o sujeito.

O lamento feminino teria, a partir daí, de ser entendido como dupla recusa do "mate-se!" e do "cale-se!". Ele tentaria calar as injunções superegoicas arcaicas, fazendo existir o objeto do lamento, e seria uma última tentativa de tomar a palavra. O lamento então teria de ser entendido como uma das últimas barreiras, uma das formas últimas de enunciação entre voz e fala, permitindo manter distantes as vozes perseguidoras e expressando-se na língua mino-miceniana pré-edípica. Língua dificilmente compreensível, pela qual é veiculada a incomensurável paixão pela mãe, da qual a menina teve tanta dificuldade em se separar, e que pode, como o indicam os funestos destinos de Electra e Salomé, quando chega a invadir o campo do feminino, conduzi-las à morte.

SOBRE O AUTOR

Jean-Michel Vives é psicanalista e professor de Psicopatologia Clínica na Universidade Côte d'Azur (França). É membro do movimento Insistance em Paris e do Corpo Freudiano — RJ (Brasil). Pesquisa sobre a dimensão pulsional da voz e a gestão social do gozo a ela associado. Interessa-se pela teorização dos desafios psicológicos da prática teatral. Participou, como dramaturgo, de inúmeras encenações teatrais e óperas.

Ministra, regularmente, cursos e conferências em universidades de Nova York, Rio de Janeiro, São Paulo, Fortaleza e Toronto. Seus artigos foram publicados em várias línguas. No Brasil, além de *A voz no divã*, Jean-Michel Vives publicou os livros *Autismo e mediação*, em parceria com Isabelle Orrado, *A voz na clínica psicanalítica* e *Variações psicanalíticas sobre a voz e a pulsão invocante*.

Este livro foi finalizado em novembro de 2021 e
impresso em novembro de 2024 pela Gráfica Paym para Aller Editora.
A fonte usada no miolo é Baskerville corpo 11,5.
O papel do miolo é offset 80g.